Delft

Delfts Blauw – Een vaas voor de prinses is een titel in de serie kunstprentenboeken van Leopold in samenwerking met het

GEMEENTE MUSEUM DEN HAAG

Gemeentemuseum Den Haag
Stadhouderslaan 41, Den Haag
www.gemeentemuseum.nl

Lees ook:

Meneer Kandinsky was een schilder – Bekroond met een Zilveren Griffel 2011

Keepvogel en Kijkvogel – In het spoor van Mondriaan – Bekroond met een Zilveren Griffel 2012

Ensor – De grote maskerade

Nacht in het poppenhuis

Calder – De draad van Alexander

Een zondag met Caillebotte

Edith & Egon Schiele

Coco – of het kleine zwarte jurkje (verschijnt september 2013)

Spannende boeken voor 9 jaar en ouder:

Mister Orange – Bekroond met een Zilveren Griffel 2012

De jongen die in de muur verdween (verschijnt september 2013)

Tweede druk 2013

Vormgeving Studio Bos
Uitgeverij Leopold | www.leopold.nl
NUR 273 | ISBN 978 90 258 6086 8

Ingrid & Dieter Schubert

Delfts Blauw

Een vaas voor de prinses

Leopold Amsterdam | Gemeentemuseum Den Haag

De grote schepen zijn terug van hun lange tocht naar verre landen.
Uit India hebben ze specerijen meegebracht, uit China kisten vol met porselein...
Als alles is overgeladen op een trekschuit komt Lin tevoorschijn.
Hij is als verstekeling de hele wereld rond gereisd, op zoek naar zijn vriend.

Nieuwsgierig klimt hij hoog in de mast.
Hij kijkt verbaasd om zich heen. Zulke gekke huizen heeft hij nog nooit gezien.
奇异小国, denkt Lin.

Qiyi xiaoguo – SPREEK UIT: Tsjie-ie sjiau-kwo = Vreemd landje

De boot nadert een prachtige stad.
Op de kade wacht zijn vriend Titus. Hij zwaait en lacht naar Lin.

Arm in arm lopen ze door de straten.
Ze stoppen voor een huis met een mooie gevelsteen.
'Hier wonen wij, 'zegt Titus trots,
'bij de beste pottenbakker van de stad,
boven op de zolder. Daar is het
altijd heerlijk warm.'

Ze kruipen vlug door een spleetje in de muur.
Aan de andere kant wacht de hele familie.
'Dit is mijn vriend uit China,' zegt Titus trots. 'Hij redde ooit mijn leven.
Ik heb veel van hem geleerd.
Lin is een ware kunstenaar. Hij kan alles!

Hebben jullie nog iets te eten voor ons?'
De muisjes smakken, slurpen en boeren.
En wat doet Lin?
'Hij zet thee,' zegt Titus plechtig. 'Zien jullie dit kopje en deze pot?
Dat is écht porselein en zo fijn beschilderd. Zoiets moois kunnen ze hier
niet maken.'

‘Pfff,’ roepen de muisjes, ‘dat kan onze meester ook! Hij maakt nu iets heel bijzonders voor de prinses. Dat weet je toch wel, Titus!’
De muisjes trekken Lin mee naar de werkplaats. Trots laten ze zien wat de meester maakt: van pispotje tot melkkan en van doos tot deksel.

Op de bovenste plank staat het pronkstuk: de vaas voor de prinses. Nu nog spierwit, maar straks beschilderd met het mooiste blauw.
'Zie je al die tuitjes?' wijst Titus, 'daar komen één voor één tulpen in. De mensen zijn er tegenwoordig gek op. Terwijl de bolletjes veel lekkerder zijn.'
Lin knikt.

Mwrrauw!

Plotseling springt een grote kater tussen de muizen.
Het aardewerk vliegt in het rond…
De vaas voor de prinses tuimelt van de plank
en met een zwierige draai valt hij kapot
in wel duizend stukken.
Iedereen gilt.
De muizen stuiven alle kanten op.

De vette huiskater heeft alleen oog voor Lin.
Hij heeft wel zin in een lekker hapje.
Maar Lin is niet bang.
Met razendsnelle bewegingen en sierlijke
sprongen draait Lin om de kater heen
en deelt rake klappen uit.

Nu is de kater poeslief.
Stapje voor stapje durven de muisjes dichterbij te komen.
Stil kijken ze naar de scherven.
Het is een ramp! De vaas voor de prinses is stuk.
Wat zal de meester verdrietig zijn.
Lin glimlacht naar zijn vriendjes. Hij bukt zich om de scherven op te rapen.
Zuchtend beginnen de muisjes hem te helpen.

‘Wat deed hij eigenlijk met de kater?’ willen ze weten.
‘Kung Fu,’ zegt Titus.
‘Kunnen wij dat ook leren? ’
Lin knikt. Hij doet het voor.
Al snel doen alle muizen zijn bewegingen na.

Dan zwaait de deur open.
‘Wat is dat voor kabaal?!’ De meester komt binnen.
‘AARRGH, mijn mooie vaas is stuk!
Wie heeft dat gedaan?
Wat moet ik straks de prinses vertellen?’
Wanhopig kruipt de meester terug in zijn bed, hij
trekt de deken over zijn hoofd.
Hij wil er nooit meer uitkomen.

De meester heeft hulp nodig, dat is duidelijk.
Lin bouwt een hoge toren. Titus begrijpt meteen wat hij bedoelt.

‘Opgelet! Wij maken een nieuwe vaas voor de prinses.’
De kater loopt heen en weer met de klei.
De muisjes trappelen alles boterzacht.
Ze rollen lange worstjes met hun vlugge handjes.
Lin en Titus kneden en bouwen.
Iedereen doet mee.

Als het werk van de muizen is gedroogd, dompelt de kater elk stuk onder in een badje. Daarna glimt het mooi wit.
Nu kunnen de muizen beginnen met schilderen.
Lin en Titus versieren de vaas. Daar mag niemand anders aankomen.
Bijna niemand anders...

De volgende dag vindt de meester het nieuwe aardewerk keurig opgestapeld voor de oven.
Klaar om gebakken te worden.
In het midden staat... de vaas. De vaas voor de prinses.
De meester kan zijn geluk niet op. 'Dit is een pronkstuk!' roept hij.
'Zo mooi van kleur, zo fijn beschilderd. Wie heeft dat gemaakt?'

Hij zal het nooit weten.
De muizen lachen in hoeken en gaten.
Als de vaas gebakken is, pakt de meester hem zorgvuldig in
en laat hem naar het paleis brengen.
De prinses maakt de doos open en roept alleen maar: ‘Aaahh.’

Vol met bloemen staat de vaas nu te schitteren.
Titus en de anderen wonen er vlakbij.
Ze zijn helemaal gelukkig in hun nieuwe huis.
Hun staartjes zijn nu immers blauw,
koninklijk blauw.

En Lin?